ABREGÉ succinct d'une infinité de maux lamentables & de dégâts déplorables que la violence & la conjuration des quatre Elemens ont fait éprouver à la grande Ville & à la Cour de Lisbonne, le premier Novembre de cette année 1755.

Traduction litterale de l'Imprimé Espagnol.

E jour se leva avec un Ciel serein sur cette Ville immense qui fait l'objet de l'émulation des Nations étrangeres, le premier Novembre de cette année mil sept cens cinquante-cinq. A dix heures du matin, on entendit subitement un bruit souterrain, qui forçant avec vitesse l'axe de cette hemisphere, fit mouvoir le plan des Edifices. Le Tremblement de terre commença avec tant de fureur, chose inouïe, qu'en trois minutes seulement qu'il dura, il n'y eut ni Fortification, ni Muraille épaisse, ni Tour forte, ni Edifice à l'épreuve qui, fendu, écroulé, détruit, n'abbaisât son orgueil pour rendre un humble hommage à la fureur de ce terrible Tremblement ; qui pour se rendre plus redoutable encore, appella l'air à son secours. Le vent devint si demesurément violent, qu'il renversa les murs, que le tremblement faisoit sortir de leur à plomb, de sorte que dans un aussi court espace que celui de sa durée, il ne resta ni Temple, ni Edifice en son entier, & ses violentes secousses firent perir le plus grand nombre de ses Habitans. On ne voyoit que trouble, que désolation : c'étoit une affliction que rien ne peut égaler. Tous imploroient par leurs cris la miséricorde de Dieu ; & même il y en eut peu qui en eurent le temps, tant ils furent subitement accablés par les ruines, qui alterées de leur vie, pour ainsi dire, assouvissoient leur soif funeste : La Parque fatale détruisoit tout.

Les Temples que la solemnité de la Fête du Jour avoit remplis de monde qui y assistoit à la Messe ou à l'Office divin, abîmoient sans épargner la vie de ceux qui se trouvoient dans leur enceinte. Ceux qui paroissoient dans les ruës tomboient en défaillance à la vûë des Edifices qui sortoient de leur à plomb. Ceux qui célébroient la messe dans les Eglises, ou y restoient écrasés, ou en voulant sortir, étoient ensevelis sous les ruines des Portails. Les uns qui couroient dans les ruës pour fuir la mort, écrasés par les ruines des Bâtimens, donnoient dans le précipice qu'ils vouloient éviter. Le Roi très-fidéle qui étoit avec la Famille Royale & sa Cour au Palais Royal de Belen, & Couvent des Religieux Jeronimites que l'on regarde comme la huitiéme merveille du monde par sa grandeur & par sa magnificence ; Le Roi, dis-je, saisi d'épouvante en sortit à la hâte avec la Famille Royale, criant à haute voix miséricorde. Oubliant sa souveraineté,

A

& confeffant humblement fa baffeffe, il s'enfuit fur une montagne voifine.

Dans une fi grande confternation à laquelle le cœur le plus courageux ne pouvoit déja plus tenir, on vit la Mer s'irriter & élever fes flots altiers qui menaçoient de plus grands maux encore. Elle couroit avec impétuofité pour achever de détruire un peuple qui étoit déja prefque ruiné. Elle avançoit avec tant de furie que le cheval le plus leger à la courfe n'auroit pû l'atteindre. Il fembloit que l'on commençoit à refpirer après les malheurs communs que l'on fortoit d'éprouver, quand on entendit de nouveaux cris plus grands encore que les premiers. La ferveur reprit une nouvelle force, autant qu'il étoit poffible, & on éprouva des difgraces plus fâcheufes. La Mer comme un Tygre furieux & irrité, défolant & balayant tout ce qu'elle trouvoit devant elle, s'avança jufqu'à la Maifon Royale de la Miféricorde, Edifice fomptueux, Maifon puiffamment riche, & où l'on exerce de fi prodigieufes charités : chaque année on y dit cinquante mille Meffes, on y nourrit mille prifonniers, on y entretient foixante jeunes gens, on y dotte cent quatorze Orphelines. Quoique cette belle maifon foit éloignée de la Mer, l'eau vint en baigner les murs.

Ceux qui, dans une fi grande défolation pouvoient s'échaper avec peine des décombres qui embarraffoient les ruës, allerent fur les bords de la Mer pour fuir le peu de ftabilité de la terre & chercherent leur afile dans de petites barques & de vieux batteaux amarés au rivage, dans le temps que la Mer, ce monftre effrené, fit fa premiere fortie; mais en fe retirant, elle les enveloppa & les fubmergea tous, après leur avoir caufé les plus étranges détreffes. Quand ce monftre retira fes vagues furieufes, il rentra l'efpace de deux lieuës jufqu'à un petit village nommé Cafiñas, laiffant les vaiffeaux & les poiffons à fec, & les fables à découvert. Ce fut là que s'ouvrirent différens gouffres d'où fortoient une infinité de volcans, qui atteignant les vaiffeaux, les confumoient par l'activité des flammes. La Mer enfuite redoublant fon impétuofité revint jufqu'au même endroit avec plus de furie. Les Citoyens affligés & faifis de peur prenoient la fuite, s'attendant à éprouver le même fort que ceux dont les cadavres rempliffoient la Ville ; mais la crainte rendoit diftrait fur ces objets déplorables. Elle furmontoit tout fentiment & mettoit le comble aux malheurs, quand on vit la terre s'entr'ouvrir en plufieurs endroits & pouffer par ces ouvertures des eaux puantes, noires & fulphureufes, qui infecterent l'air de leurs vapeurs, & pénétrerent l'odorat d'une odeur infuportable : d'autres trous & crevaffes jettoient des tourbillons de matieres enflammées qui fuffoquoient ceux qui fe trouvoient à leur portée. En même temps les maifons étoient toutes en feu : celui des cuifines s'étant communiqué aux maifons qui avoient été abandonnées, trouva de l'aliment dans les bois de charpente dont eft conftruit la plus grande partie du haut des maifons, &, qui, dérangés par le Tremblement de terre & enlevés par la force du vent, Dieu le permettant ainfi, faifoient voler leurs flammes d'une maifon à l'autre. Le Tremblement recommença, & quoique tout fut prefque ruiné, cette répétition rendit la ruine totale. Ce n'étoit que mort pour les

Hommes & destruction pour les édifices. Là le pere déposant l'amour paternel abandonnoit son fils qu'il voyoit mourir. Là le mari qui voyoit son épouse chérie rendre le dernier soupir parmi les ruines, la fuyoit pour ne pas éprouver le même malheur. Ici le fils bien-aimé abandonnoit son pere qui, enfoüi sous les décombres, couvert de monceaux de pierres, & chargé de playes comme un Lazare, jettoit des cris perçans. Dans un si grand effroi, il n'y avoit de force que celle que donnoit la douleur, & ses efforts sembloient ajouter à la misere. Il n'y avoit même plus personne dans la Ville qui pût être témoin de la perte causée par une si grande destruction, parce que tous ceux qui restoient pour éviter de périr, cherchoient leur asyle & leur retraite dans la campagne déserte; on étoit surpris de voir quelqu'autre personne en vie. Celui-ci appercevant un de ses fils, couroit à lui au milieu des cadavres de ses autres enfans. Celui-là voyoit venir son pere qui, échapé des ruines à demi mort, se traînoit vers lui. L'un rencontroit sa femme, qui presqu'en feu s'étoit sauvée de l'incendie. L'autre voyoit venir son ami à demi noyé, qui sans force, n'étoit soutenu que par la frayeur du danger qui le menaçoit. Là on voyoit un petit nombre de Prêtres qui, revêtus de leurs Habits Sacerdotaux, & célébrant le Saint Sacrifice, avoient pû se sauver, ou qui, pleins de ferveur, n'avoient point quitté l'Autel aux dépens de leur vie que beaucoup y perdirent. Ils tenoient les Calices qui renfermoient les SS. Mysteres. On en réünit jusqu'à sept, qu'on mit sur une table en pleine campagne, & qui furent l'objet de l'adoration de tout le monde. Ici on entendoit le bruit des voix extrêmement touchantes qui crioient miséricorde, & supplioient avec la plus grande ferveur la Majesté divine de les délivrer de ce châtiment universel.

Le Roy très-fidéle qui sans cesse invoquoit à haute voix la divine clémence, fit venir un Missionnaire du Couvent de S. François de Sobriega. Il lui fit prêcher un sermon, que le Roy, la Reine & le reste de la Famille Royale entendirent, le visage prosterné contre terre, jusqu'à la fin, que ce Prince se releva aux instances du Religieux. Il se dépouilla des habits magnifiques qui conviennent à sa Dignité, se déchauffa & courut à l'incertain, criant à haute voix miséricorde, & excitant le peu de personnes qui en étoient témoins, à suivre son exemple. On ne voyoit par tout que les malheurs les plus affligeans. On n'entendoit que cris continuels qui redoubloient en voyant l'incendie dévorant subsister toujours avec la même fureur, & achever de consumer les foibles restes que le Tremblement de terre, le vent & la mer avoient laissés comme par oubli. Au même temps les vaisseaux de la Baye éprouvoient aussi les mêmes accidens, soit par l'impétuosité du vent, soit par la fureur des vagues qui les submergerent, soit par les volcans qui sortoient du milieu de cette Baye. Les uns étoient brûlés, les autres détruits par le choc des navires voisins. Les cables casserent, les amares devinrent inutiles, les ancres ne furent d'aucun usage. La plus grande partie des vaisseaux périrent, & ceux qui les montoient eurent dans leur malheur l'Ocean pour tombeau.

O jour terrible ! (Copie anticipée du dernier jour, & qui jusques là sera mémorable) ! O cruelle heure si fatale pour ce Royaume ! Un grand nombre même de ceux qui étoient échapés par bonheur, payerent tribut à la mort, ne pouvant soutenir la vûë des dégâts dont ils étoient témoins. De quelque côté qu'on portât son attention, on trouvoit partout l'épée ensanglantée de la Justice divine, devenue la hache qui tranchoit la vie, & la cruelle Parque qui détruisoit les Edifices. On voyoit le Roi noyé d'affliction dans une Tente ou Baraque que le peu de sujets qui lui restoient lui avoient dressée pour le mettre en sureté, manquant de nourriture. Quand il auroit voulu faire des frais pour s'en procurer, il n'avoit rien pour en acheter, ni personne pour lui en vendre. Il écrivit à ses Freres leurs Majestés Catholiques, ces paroles si propres à exciter la compassion. ,, Je suis retiré sur une montagne dans une Baraque sans avoir aujourd'hui rien à ,, manger, ni demain personne pour me servir: les flammes consument ce que ,, le Tremblement de terre a épargné ». Que l'on me permette d'interrompre la suite de cette Lettre par une digression.

Voici un objet digne de la plus grande compassion. C'est un puissant Monarque, dont les richesses égaloient, si elles ne surpassoient pas celles des autres Princes. Il a conservé la paix avec toutes les Couronnes. Ses vaisseaux n'étoient point arrêtés dans leurs voyages, & il faisoit partir de nouvelles flottes qui lui rapportoient des tresors immenses des riches Indes du Bresil. Ses Magasins regorgeant de biens publioient que personne ne l'égaloit pour les richesses. Il dépensoit chaque année en Bâtimens magnifiques des millions sans nombre, & on le voit aujourd'hui réduit à la plus grande pauvreté.

Celui qui a toujours été l'objet de l'affection cordiale de ses sujets se voit aujourd'hui fugitif, banni de sa patrie, sans sujets pour lui obéir & sans Officiers pour le servir. Celui qui fouloit aux pieds les Trônes des Rois (des Indes), qui faisoit bâtir des Châteaux somptueux & des Palais magnifiques, aujourd'hui dans la solitude & dans le désert, réduit à l'extrémité incommode d'une Baraque, dépoüillé de sa pourpre Royale, traverse pieds nuds une montagne raboteuse. O inconstance de la nature humaine! qu'il y a peu de distance entre ton bonheur & tes infortunes! Trois minutes de temps ont changé le bonheur en misere, & d'un puissant Monarque en ont fait un malheureux.

La Lettre de ce Prince arriva à Madrid, & leurs Majestés Catholiques, autant poussées par une compassion chrétienne, que par une affection fraternelle, laisserent échaper des expressions touchantes, & remirent à notre Roi en réponse 4000 pistoles (60000 livres argent de France) tirerent à son ordre deux millions de Réaux (937500) & commanderent sur les Frontieres qu'on donnât du secours dans une si grande affliction en fournissant des vivres, du monde, & tout ce dont on pourroit avoir besoin.

Ce fut une consolation dans les maux que l'on souffroit. Les esprits se remirent peu à peu quoique le feu ne fut pas éteint, & qu'il ait continué pendant cinq jours, mais avec moins de vivacité. Joignez à cela la sage conduite du

Roi très-fidéle au milieu de son affliction. Il fit publier une deffense, sous peine de la vie à toutes personnes de creuser & de rien prendre dans les ruines sans ordre des Commissaires qu'Il nomma. Quatre personnes ayant été convaincuës d'avoir enfraint cette loi furent punis severement & exécutés. On ordonna aussi à tous les Volontaires & aux forçats de se rendre à la Ville pour tirer les cadavres d'entre les ruines. Ils y vinrent en tremblant pour cette œuvre de charité & s'en acquitterent avec tout le zéle possible. Ils y étoient encore animés par la vûë du terrible châtiment que Dieu venoit d'exercer.

C'est là que l'on vit avec la plus grande surprise tant de corps morts qu'on trouvoit au milieu des décombres. On les entassa dans de vieux vaisseaux qu'on perça, & la Mer leur servit de tombeau.

La ruine des édifices est si grande que tout ce qu'on pourroit en dire pour l'expliquer sera toujours trop court; mais j'abrége pour éviter d'ennuyer.

Je mettrai donc ici en peu de mots ce qu'il y a de constant, ainsi que tout ce qui est renfermé dans cette relation : les différentes personnes de cette Ville qui se sont trouvées lors du désastre déposent & affirment unaniment ce qui suit.

L'ancienne Eglise Patriarchale appellée la Seébella, Edifice somptueux qui servoit de grande Mosquée, lorsque Lisbonne étoit sous la domination des Maures, fut érigée en Metropolitaine par le Pape Boniface IX. en 1390. sur la demande du Roi D Jean I. Elle est dans l'endroit le plus élevé de la Ville avec deux tours immenses qui portent plusieurs grosses Cloches. Son Chapitre est composé de huit Dignitez, de vingt Chanoines & de quatre Prebendés : Le revenu de l'Archevêque est de 40 mille ducats (206843 tt. 13 s. 3 q. monnoye de France). Toute cette Eglise fut renversée jusqu'à la moitié de la hauteur des Murs & des Tours. Plus de mille personnes y ont péri, ent'autres tous ceux qui composent ce Chapitre. Le Corps du vénérable S. Vincent Martyr, conservé dans cette Cathédrale avec la plus grande décence a été enseveli sous les ruines.

La Chapelle Royale, ou la nouvelle Eglise Patriarchale, bâtie par le Roi D. Jean V. en 1716. a des revenus extrêmement considérables par le démembrement de ceux de l'ancienne Metropolitaine. Ses Chanoines partagés en trois classes, revêtus dans leurs fonctions comme les Cardinaux, les Evêques & les simples Chanoines, le disputent en richesses, en gloire & en grandeur avec la Basilique de S. Pierre de Rome. Elle resta sur pied à la premiere secousse du Tremblement de terre : ce qui donna lieu à ceux qui y étoient de se sauver. Le Chapitre & le Clergé se retirerent à la campagne en l'état où ils se trouvoient, emportant avec eux le S. Sacrement; mais elle a été toute ruinée par le nouveau Tremblement de terre & par l'incendie.

S. François de la Ville, Couvent de Religieux, tomba par terre & ensevelit sous ses ruines la plus grande partie de ceux qui se trouvoient dans cette Eglise. De la Communauté composée de trois cens Religieux il ne s'en est sauvé que quatorze.

La Paroisse des Martyrs fut totalement ruinée. Elle étoit d'une structure admirable. C'étoit un ouvrage du Roi Dom Jean V. La peinture de la toile qui en formoit le plat-fond avoit couté 20000 Cruzades, (49484 liv. 10 sols.)

La maison où naquit S. Antoine de Pade, Chapelle d'une beauté prodigieuse, toute de pierre de jaspe incrustée avec un art merveilleux, fut toute détruite, accablant sous ses ruines tout le peuple & tout le Clergé qui s'y trouva.

S. Pierre d'Alcantara n'étant plus dans son à plomb tomba, & tua toutes les personnes qui étoient dans l'Eglise. Il ne se sauva que deux Religieux de toute la Communauté qui étoit nombreuse. Le feu se mit depuis dans les ruines.

Le Couvent de S. Antoine des Barbus fut notablement endommagé. Il ne s'échappa que 3 ou 4 Religieux de cette grande Communauté.

La Bonne heure, Couvent des Augustins Déchaussés, demeura sur pied à la prémiere secousse : mais le second tremblement & le feu détruisirent cette maison & le plus grand nombre des Religieux. Le Portail du grand Temple de Lorete, Eglise des Italiens, d'une structure majestueuse, couronné de Statues Collossales de marbre d'une grande beauté, représentant les Apôtres, tomba à la rentrée du S. Sacrement qu'on venoit de porter à un malade avec le culte magnifique qui est ordinaire dans cette Ville, & tua le Prêtre & ceux qui l'accompagnoient : ce qui causa un grand effroi. Ensuite les murs du Temple quittant leur assiette écraserent sous leurs ruines le peuple qui y étoit. Et le feu, devorant ce qui pouvoit rester, acheva de le detruire.

Vis-à-vis est la Paroisse de l'Incarnation qui fut pareillement dettuite. Celle de Sainte Catherine s'écroula, sans que personne du Clergé & du peuple put se sauver. Le feu prit à ses ruines.

Le second tremblement de terre & le feu détruisirent la maison de *La Grace*, Couvent des Augustins Déchaussés, & l'incendie consuma tous ceux qui étoient dans l'Eglise.

S. Telme abima de même. S. Jean Nepomucene, ouvrage d'une architecture singuliere & solide, construit par les ordres de la Reine, femme de D. Jean V, fut tout détruit & brulé.

Le Couvent de Sainte Claire tomba, & de 500 Religieuses il ne s'en sauva que trente. Quand on vint au bout de cinq jours tirer des ruines les corps morts, on trouva dans un trou une Religieuse vivante. On lui fit instance pour sortir, & pour aller aux barraques que les autres occupoient à la Campagne ; elle repondit que puisque Dieu l'avoit sauvée au milieu des ruines dans sa maison, on n'avoit qu'à lui donner quelque chose à manger, mais que tant qu'elle vivroit elle ne quitteroit pas la clôture.

Le Couvent de S. Sauveur fut ruiné & brulé, & peu de Religieuses échaperent. De celui de Sainte Anne occupé par des Religieuses Franciscaines au nombre de trois cens, il ne s'en sauva que cinq qui se mirent à l'abri sous une arcade : Le Prêtre qui disoit la Messe dans cette Eglise, courut à la porte, le Calice à la main, pour sortir, il fut accablé sous les ruines ; & quand on l'en tira au bout de cinq jours, on le trouva tenant le vase sacré.

L'Hôpital ou magnifique Maifon Royale de la Mifericorde abîma avec bien des perfonnes de differens états qui y étoient, entr'autres trois cens Demoifelles orphelines. Le Couvent des Pauliftes, de l'Ordre de S. Paul premier Hermite, tomba & caufa la mort de prefque tous les Religieux. Il en fut de même du Couvent de *Los Loyos*. Celui de la Trinité fe fendit partout, & tua prefque tous les Religieux & le peuple qui y étoit. Il en arriva autant au Couvent des Carmes qui eft vis-à-vis. La Maifon de S. Roch qui appartient aux Jefuites, tomba, & tua bien du monde : Il y périt beaucoup de ces Peres ; & ceux qui font reftés fe font établis dans le Jardin. Le grand Couvent de S. Dominique que le tremblement de terre avoit laiffé fur pied, fut réduit en une heure de tems en des cendres legeres par la voracité des flammes.

L'Hôpital Royal fous le titre de tous les Saints, Bâtiment folide & admirable qui eft dans la Place *del Rocio* (de la Rofée) fut ruiné, & les malades qui y étoient au nombre de 900. périrent fous les ruines ou par le feu. Les belles Paroiffes de la Madeleine, de S. Georges, du Corps faint, de S. Paul, de la Conception vieille, de la Conception neuve, de S. Nicolas & de S. Julien, tomberent en entier & furent brulées. Le Clergé & le peuple qui y étoient y périrent. Dans le Quartier de la Alfama, S. Etienne, S. Pierre & huit autres Paroiffes éprouverent le même fort. L'Eglife de Dieu Enfant, Couvent de Francifcains, demeura fur pied, & eft encore habitable. La Paroiffe de Sainte Jufte ne fouffrit rien du tremblement de terre, mais fut confumée par les flammes. Le Temple magnifique appellé S. Vincent *de Fora* (du Marché) appartenant aux Clercs Réguliers de S. Auguftin, fut confumé par le feu. Enfin pour éviter d'ennuyer, il fuffit de dire que le défaftre enveloppa tous les Temples, à la réferve d'un très-petit nombre qui n'ont pas été fans quelques dommages.

Le Bâtiment fomptueux du Palais Royal de la Butte du Pas, fur le bord de la Mer, abîma à moitié, & l'autre moitié fut confumée par le feu. Le Palais du Marquis de Perelada, Ambaffadeur d'Efpagne, tomba en plus grande partie : Lorfque ce Marquis en fortoit pour s'enfuir avec fon Chapelain & quelques domeftiques, le Portail en tombant les fit tous périr. Son Fils unique que les ruines empêcherent de fortir, fe fauva ; & Sa Majefté Catholique pour le confoler de la perte qu'il a faite, & récompenfer les merites de fon Pere, lui a donné la Charge de Gentilhomme de la Chambre, avec une penfion de 500. Piftolles, (7500 l.) le feu confuma le refte du Palais. Celui du Marquis de Merialva, Général des Armées de Portugal, celui du Marquis de Valencia, & celui du Comte de Caftelo Mayor furent renverfés & brulés. La plus grande partie de celui du Cardinal Patriarche abîma. Tous fes gens prenant la fuite le laifferent dans l'embarras, jufqu'à ce que quelques-uns d'eux revenant fur leurs pas, l'en tirerent, le firent embarquer, & le conduifirent au lieu où étoit le Roy, dans le tems que la Mer débordoit. Il éprouva dans ce trajet les plus terribles craintes jufqu'à fon arrivée au lieu où étoit le Roy & toute la Famille Royale.

Le magnifique Hôtel de l'Opera fut renverfé & brulé. C'étoit un prodige merveilleux & digne du plus grand éloge, puisque le Roy y dépensoit chaque Lundy & chaque Jeudy de la semaine que se donnoit l'Opera 10000. Cruzades, (24742 l. 9. s.) La Tour *del Tombo*, Bâtiment très-solide, abîma. La Doüane, les Greniers à bleds, l'Hôtel des Indes & ses Magasins, après avoir été ruinés furent brulés par un feu si violent, que l'or & l'argent qui y étoient en abondance se fondirent & coulerent. On vit aussi des ruisseaux d'or & d'argent dans la rue des Orfévres; la rue neuve des Marchands de l'Armée, & celle de *todos los Remolares* furent ruinées & brulées avec toutes les richesses qui s'y trouverent. Ce qui doit causer la plus vive douleur, c'est qu'une infinité de personnes y ont peri. Enfin, la Ville est restée dans un tel état, qu'aucun habitant ne pourroit dire au milieu des décombres ce qui avoit été une Maison, un Temple, une rue. Il n'en reste sur pied que les Quartiers de S. Benoît, de S. François de Paule, des Anges, de S. Joseph, & une partie de celui où sont les Manufactures Royales de Soye. Le nombre des morts a été si grand, que les habitans qui peuploient une infinité de Maisons & montoient plusieurs Vaisseaux, se voient reduit à 100 Baraques ou environ, construites à la Campagne. C'est là que sont leurs Majestés, les Cardinaux, les Evêques, les Clercs, les Religieux de tous les Ordres, les Religieuses, les Seigneurs, les Nobles, les Roturiers & les Mendians: tous ont souffert la nudité, la faim, & l'abandon. La Mer dans ses furieux débordemens a roulé dans ses eaux une infinité de pierres brisées, de tourelles & de murailles sur son rivage; de sorte qu'il étoit impossible aux hommes d'y passer & de conduire à bord ce qu'on avoit à embarquer.

Ce désastre ne s'est pas borné à cette Ville: tout le Royaume de Portugal a autant souffert à peu de chose près. Bien des Villages on été détruits & entierement entraînés par la Mer.

Voilà un leger crayon des horribles ravages qu'a souffert une Ville, que peu auparavant on regardoit comme une des grandes Capitales de l'Europe. Ce n'est aujourd'hui qu'un Promontoire ruiné. Ces beaux Edifices, ces Tours superbes, ces Palais spacieux, sont aujourd'hui des monceaux de pierres, des ruines affreuses & des restes d'un énorme ravage. Cette foule de monde qui la peuploit, a disparu. Ce sont aujourd'hui des Cadavres entassés & couverts de decombres, un Cemetiere d'ossemens, un horrible spectacle, & une puanteur insuportable. Ceux qui sont encore employés à tirer les corps morts de dessous les ruines, quoiqu'ils travaillent avec diligence, ont besoin de tous les secours d'une charité excessive pour resister soit à l'effroi soit à des soulevemens de cœur qu'excite l'infection. En creusant dans les ruines, l'un trouve son Pere mort, l'autre son Epouse cherie reduite en charbon; un autre son Fils bien-aimé déja tout corrompu. Les paroles me manquent pour expliquer un malheur si digne de pitié: Ainsi je le laisse à la méditation des cœurs touchés de compassion.

Permis d'imprimer, vendre & distribuer, à Orleans, ce 24. Janvier 1756. TASSIN, Maire.

COPIE d'une Lettre écrite par le Pere Gardien du Couvent Royal de Miquenez, Vice-Préfet Apostolique des SS. Missions qu'entretient en Barbarie la Province Religieuse de S. Jacques des RR. PP. Francifcains Déchauffés (ou Recollets) au Pere Procureur de ces Missions.

NOTRE Frere Procureur : Depuis que l'obéissance a confié à ma follicitude, malgré mon incapacité & mes démerites le foin de ces faintes Missions que notre Mere & sainte Province entretient avec un courage infatigable, en suivant les traces & l'entreprise des cinq premiers Martyrs de l'Ordre Seraphique & de notre premier Pere & Provincial S. Jean de Prado, qui les ont plantées & cultivées par le fang qu'ils ont versé & par le cruel martyre qu'ils ont fouffert; je n'ai pas eû l'avantage de les voir exemptes de peines & de perfecutions. Ces maux viennent de l'ambition des Maures qui veulent que nous leur amenions ceux (de leur nation) qui font en Espagne, & de l'inquiétude des Captifs au fujet de leur liberté. Ceux-ci accusent les Missionnaires, & prétendent qu'ils font cause qu'on ne les rachette pas, & qu'on ne follicite point leur délivrance par le moyen de notre Roy & des Ordres Religieux établis pour la redemption des Captifs, comme les autres nations le font à Alger, à Tunis, & dans ce Royaume.

C'est ce qui a donné lieu d'arrêter prisonniers le 28. Août deux Religieux Missionnaires qui résidoient à Salé, & qu'on les a chargés de coups. Non content des foufflets & de la baftonnade qu'on leur a fait fouffrir, les Maures nous ont ôté cet Hofpice & l'Eglise pour la donner avec tout ce qu'il y avoit à un Juif. Ils ont fait conduire ces deux Religieux à Maroc, & les y retiennent prisonniers. Si nous donnons au Prince 16 Maures, des Chiens de Chasse, des Serins, des Rossignols, des Draps, de la Porcelaine, des Toiles, du Linge, des Criftaux, du Thé, du Sucre, des Confitures & autres chofes de fon goût, ce qui ne fe fera jamais fans argent, il promet de nous rendre les Chrétiens, de délivrer les Missionnaires, de nous laisser tous vivre en liberté & en sûreté dans fes Etats, comme du temps de fon Pere & de fon Ayeul; ajoutant que fi on ne lui donne pas ce qu'il demande, il fera mourir les deux Religieux, & tous ceux qu'il pourra trouver sous fa main.

Pleins de résignation à la volonté de Dieu pour ce qu'il lui plaira de permettre, nous fupportons les peines que nous fufcitent les passions humaines. Dans l'efperance de quelque foulagement, moyennant la clemence Divine & la pieté de leurs Majestés Catholiques, nous rendions graces à Dieu, qui par des moyens fi extraordinaires nous avoit accordé de consoler ce troupeau Catholique, & de voir rétablir, comme nous l'avions toujours défiré, les anciens Autels, où

A

s'offre le Sacrifice le plus excellent, qui rend le culte le plus agréable à notre souverain Seigneur, dans cette terre de Maroc, qui a toujours méprisé la voix de l'Evangile, & a terminé par un cruel martyre la vie des Prédicateurs de la Loi sainte & des vérités Catholiques. Les deux Missionnaires ont erigé un Autel dans la maison où ils sont prisonniers; ils y célébrent le Sacrifice non-sanglant, ils administrent les Sacremens ; ils prêchent la Doctrine du salut, & donnent des conseils à plus de 60 Chrétiens qui pleurent dans cette Ville leur captivité, afin qu'ils obtiennent la félicité éternelle & qu'ils ne perdent pas le mérite que leur offre l'esclavage, mais qu'ils portent avec résignation & conformité à la volonté de Dieu les maux qu'ils souffrent.

Nous étions occupés des signalés bienfaits de Dieu & de la prison de nos deux Freres, lorsque nous nous vîmes dans de plus grandes peines & de plus tristes afflictions, auxquelles nous ne nous attendions pas, & par lesquelles la Majesté Divine a voulu punir nos péchés & notre ingratitude. Un tremblement de terre, dont il n'y a point eu d'exemple, se fit sentir le jour de la Toussaints, à neuf heures trois quarts du matin. En 8 minutes qu'il dura, il détruisit & renversa par terre ce Couvent Royal, l'Eglise, l'Hôpital, l'Apoticairerie, le Grenier, & les autres Offices; & ensevelit sous les ruines les provisions, les meubles, les ustensiles de ménage des Missions, des Religieux & des Captifs : ainsi que les presens pour le Roi, pour les Cherifs, & les Ministres. L'Hospice, l'Eglise, & l'Infirmerie que nous avions dans la Ville de Fez éprouva à la même heure un semblable malheur. Mais, au milieu de ces ruines, la Divine clemence a éclaté visiblement en notre faveur, par la protection qu'elle nous a accordée : car, tous tant que nous étions de Religieux & de Captifs dans le Couvent & dans l'Hospice, nous en sommes sortis sains & saufs, pour nous retirer à la Campagne, laissant dans le trouble où nous étions bien des Maures & des Juifs, & une infinité de misérables ensevelis sous les ruines d'un nombre innombrable de Maisons, de Mosquées, de Sinagogues & de Cabanes qui sont tombées dans les Villes de Miquenez & de Fez. C'est pourquoi, pleins de reconnoissance pour un bienfait si singulier, nous rendons incessamment nos actions de graces au Seigneur, & nous le remercions de sa divine bonté.

Vous & tous les Fidéles Chrétiens, pouvez vous former une idée de notre douleur & de notre affliction, en vous représentant que nous sommes dans un petit Jardin, occupés à arranger quelques fragmens des Edifices ruinés pour y célébrer la Messe & nous y retirer, sans provisions, sans habits, sans ustensiles de menage, sans meubles, manquant du plus étroit nécessaire pour nourrir & traiter les Malades, pour secourir les Religieux & les Captifs, pour fournir les auttes choses dont ils ont besoin, & pour bien recevoir les Maures; & cela parmi des infidéles, qui ne connoissent ni pieté ni compassion, & qui regardent comme une vertu & un grand sujet de loüange de maltraiter les Chrétiens. Ce qui nous est le plus sensible, & qui afflige notre cœur, c'est de nous voir sans Couvent, sans Hospice, sans Eglise, sans Hôpital ; privés de ces lieux, où, au grand regret des Ennemis si vifs du nom Chrétien, on adoroit notre Dieu Souverain dans le saint Sacrement, où on célébroit le redoutable Sacrifice; où on administroit les Sacremens, où on recitoit les divins Offices, où l'on traitoit les Chrétiens dans leurs maladies, où on les assistoit, où on les consoloit, où on les secouroit & où on leur donnoit la nourriture spirituelle & corporelle dont ils avoient besoin; d'où l'on envoyoit des Ministres & tout ce qui étoit nécessaire aux Hospices, & dans les endroits où residoient les Captifs. Que Dieu nous console & remue le cœur de tous les fidéles Crétiens, afin que vous puissiez, par leurs pieuses aumônes, apporter du remede à de si grands maux & à de si grands besoins.

Les dégats & les dommages qu'on assure que le tremblement de terre a causés dans les Villes & Bourgs de ce vaste Empire sont inoüis. Rien ne garantit, ce que plusieurs en rapportent. Je vous marquerai seulement ce que j'ai appris des Captifs & de quelques Marchands Catholiques & veridiques. On éprouva à Maroc, à la même heure que dans cette Ville, un tremblement de terre qui abatit & ruina bien des Edifices, des Maisons & des Mosquées, & laissa les autres bien endommagées, & un monde infini enseveli sous les ruines.

A huit lieues de cette Ville la terre s'entr'ouvrit, & engloutit un Adouar, (ou Village d'Arabes qui campent tantôt d'un côté & tantôt de l'autre) avec les Cabanes, les Hommes, les Chevaux, les Chameaux, les Mulles, les Vaches, & les autres troupeaux; les fruits & les ustensiles de menage. L'Adouar étoit de 5000 hommes. Il y avoit 6000 hommes de Cavalerie qui y avoient leur Quartier, & il ne s'est pas sauvé un seul homme ni des uns ni des autres.

Le tremblement de terre a fait de grands ravages aux Ports de Safi & de Ste. Croix dans les Edifices & dans les Maisons, & a enseveli sous les ruines bien du monde. Le dommage a été augmenté par les variations que la Mer éprouva depuis dix heures du matin jusqu'à six heures du soir. Elle ne cessa point de déborder avec impetuosité & de se retirer avec la même vitesse, laissant à découvert le fond des Ports, où les Vaisseaux & les Barques étoient à l'ancre; elle leur causa du dommage, il y eut bien du monde qui y perit. Les rues & les campagnes se trouverent pleines de débris & de poissons.

Les deux Villes de Salé souffrirent le même dégât par le tremblement de terre, & plusieurs personnes y périrent. La Mer inonda toutes les rues & les magasins, & submergea 3 Bacs avec plus de 200 Maures qui traversoient la Riviere pour aller d'une Ville à l'autre, sans que personne ait échapé. Une grande Caravane de Maures, de Chameaux, & de Mulles qui étoient sortis ce jour-là de Salé pour porter des Marchandises à Maroc, fut toute engloutie par la terre (qui s'ouvrit.)

A Alcila la Mer avança jusqu'à la moitié de la Ville. Jointe au tremblement de terre, elle fit perir une infinité de personnes. La plus grande partie des Maisons & des Edifices furent renversés & ruinés; le reste fut endommagé. Quelques Barques furent submergées, & la Mer porta avec tant d'impetuosité au

A ij

milieu de la Ville une grande Pinque Angloife, qu'elle la brifa & la fit fendre par le milieu, fans qu'il foit peri perfonne de l'Equipage ; la plûpart étoient Catholiques.

A Larache, Mamora & Tanger, le tremblement de terre & le débordement de la Mer fit de grands ravages, caufa bien du dégât dans les Edifices & les Maifons, & fit périr un affez grand nombre de perfonnes.

Ceuta & Tetuan éprouverent le tremblement de terre dans toute fa force & fa violence, fans cependant en recevoir de dommages confidérables, feulement quelques Edifices & quelques Murs ont été lézardés & endommagés. Il excita un grand trouble & une grande confufion. Les Hommes & les Femmes fortirent pour aller à la Campagne, où ils refterent tout le jour, dans la crainte que le tremblement ne recommençât ; & c'eft ce que tout le monde a fait dans les autres Villes & Villages. Je n'ai point de nouvelles certaines des Villes de ce vafte Empire ; mais je compte qu'on y aura éprouvé le même défaftre. Il faut remarquer que parmi tant de perfonnes qui ont peri, je ne fache pas qu'il fe foit trouvé aucun Religieux ni aucun Captif. Le jour du tremblement de terre le Ciel étoit ferein ; la chaleur étoit extraordinaire pour le temps & le climat. L'air étoit calme, mais le vent fe fit fentir par intervalle, jufqu'à ce qu'enfin il fe fixa au couchant. Alors il parut des nuages. Il fe tourna au levant à la nuit, pendant laquelle, ainfi que pendant le jour fuivant il y eut bien des éclairs & des tonnerres, & il tomba une pluye exceffive avec de la grêle : ce qui joint à la terreur caufée par ce qui s'étoit paffé, jetta tout le monde dans l'affliction & la confternation. On croyoit être à la fin du monde. Que Dieu par fa bonté & fa miféricorde infinie ait pitié de nous, qu'il nous délivre de femblables maux, & qu'il vous garde bien des années.

A Miquenez ce 8 Novembre 1755.

EXTRAIT d'une Lettre écrite de Tetuan le 24 Novembre 1755.

NOUS avons éprouvé dans cette Ville & dans les Villages des environs, le 18 de ce mois à 10 heures du foir, un fecond tremblement de terre, auffi fort que le premier, pendant 5 minutes : Il continua lentement jufqu'au foir du lendemain, & il continue encore fuivant plufieurs ; mais à deux heures du matin, à cinq, à neuf & à midi, nous l'avons reffenti pendant 4 minutes avec toute fa force & toute fa violence. Tous font fortis à la Campagne, où bien du monde refte. L'affliction & la confternation font générales. On crie vers Dieu, & on fait des prieres publiques.

On a obfervé également à Tanger ce fecond tremblement de terre, aux mêmes heures & avec les mêmes circonftances.

L'eau s'eft retirée pendant 24 heures, & les fontaines font reftées entierement à fec.

Il vient d'arriver un exprès de Fez, avec la nouvelle que le tremblement de terre du 18 & du 19 avoit ruiné la plus grande partie de ces deux Villes, & que plus de 3000 hommes ont été ensevelis sous les ruines; que les mêmes jours la Ville Capitale de Miquenez, qui est si peuplée, a été détruite & est inhabitable. On n'y compte qu'une seule Maison qui n'ait pas souffert du tremblement. Toutes celles qui restent ont été si considérablement endommagées, qu'elles ne sont plus logeables. Tous les habitans se sont retirés à la Campagne, où ils demeurent. Quatre mille Maures, ou environ, sont restés ensevelis sous les décombres.

Il paroît que Dieu a voulu faire éclater sa juste indignation contre les Juifs, & aggraver le châtiment que sa Divine Justice leur a fait éprouver; car dans la multitude de ceux qui habitoient la grande Juiverie, dont on fait monter le nombre à 16000, il n'en est échappé de cette infâme nation que 8 personnes avec la vie sauve.

Les Montagnes de Sarjon, à 3 lieues de Miquenez, se sont fendues par la moitié lors du tremblement du 18, & ont englouti un lieu de dévotion qui y étoit, avec un endroit nommé Ydris, & un autre Village qui étoit sur le penchant de la Montagne, sans que personne ait échappé.

Le même tremblement a abimé la Ville de Tessa, dans le même Royaume, avec tous ses habitans.

Dans tout ce Royaume on observe toujours un mouvement de la terre quoique lent, & dans son intérieur un bruit & un mugissement sourd. L'un & l'autre tiennent tout le monde dans l'affliction & dans des prieres publiques & continuelles, pour demander miséricorde à Dieu. Qu'il leur donne la lumiere pour connoître sa sainte Loi! qu'il les délivre eux & tous les fidéles Chrétiens de semblables maux, & qu'il accorde à tous le bonheur éternel.

COPIE d'une Lettre écrite par M.*** à un de ses Amis, pour lui rendre compte du tremblement de terre, & de la retraite de la Mer, arrivés à Cadix le Samedi premier Novembre 1755.

M.

Je vois le désir ardent que vous avez de sçavoir exactement ce que nous avons souffert dans cette Ville le jour de la Toussaints ; & comme je me fais un devoir de remplir vos désirs, de satisfaire en quelque chose votre curiosité & de vous donner lieu d'exercer vos talens, je me suis chargé de vous envoyer la description d'un évenement qui n'a point d'exemple, que je sache, dans l'histoire de Cadix. On a éprouvé ici dans d'autres occasions des Marées prodigieuses pour leur hauteur, de terribles Ouragans, des tempêtes affreuses, sans que le repos de la terre en fût troublé le moins du monde : mais dans cet évenement, la Terre & la Mer paroissoient conjurés contre nous; de maniere que nous crumes que nous allions être ensevelis sous les ruines des Edifices, ou noyés dans les ondes de la Mer. Vous ne pourrez lire sans effroi cette Rélation sincere, qui ne sent en rien les recits vulgaires, & qui est en entier le fruit de l'observation d'un Jésuite de qui je la tiens. La voici :

RELATION du tremblement de Terre, & de la retraite de la Mer, arrivés à Cadix le premier Novembre 1755.

LE matin de ce jour, l'horrizon étoit clair & le ciel sans nuages. Le vent peu considérable étoit au Nord-Ouest, & y resta, sans qu'on y remarquât autre chose qu'une chaleur qui n'étoit pas tout-à-fait de la saison ; mais comme elle étoit peu sensible, on n'y fit pas beaucoup d'attention.

A neuf heures trois quarts on commença à sentir un tremblement de terre, lent d'abord ; mais qui devint si violent, qu'on remarqua dans les Edifices des ébranlemens considérables. Il alla en diminuant peu à peu jusqu'à sa fin.

On doit considérer trois choses dans ce tremblement : sa durée, sa violence, & les dégâts qu'il a fait.

Les personnes intelligentes, & dont le recit peut faire foi, pensent que depuis son commencement sensible jusqu'à sa fin également sensible, il a duré l'espace de 9 à 10 minutes.

Les vibrations les plus violentes des Murailles & des Edifices, qui sont celles qu'on a le plus apperçuës, paroissent avoir été du Sud-Ouest au Nord-Est. On en a la preuve par les ébranlemens constans d'un Fanal (ou Lanterne) suspenduë au milieu d'un Bâtiment en croix, qui fait un des quartiers du Collége de la Compagnie. Quand on eut observé son mouvement, on l'arrêta avec la main, un peu après le milieu de la durée du tremblement de terre, & le même mouvement se repéta jusqu'à ce que le tremblement fut fini.

Les mêmes vibrations se prouvent aussi par un Tableau d'environ 32 pouces, qui étoit attaché avec deux anneaux de fer & deux cloux posés dans une muraille, adossée au Sud-Est & regardant au Nord-Ouest. Il s'échappa des cloux, tomba par terre, & se brisa.

De plus, la petite Cloche de la Communauté dont le mouton ou armure étend les bras qui servent à la suspendre du Sud-Ouest au Nord-est, & la main (où la corde est attachée) au Sud-Est, sonna d'elle-même au Sud-Est.

Quoique la violence du tremblement fut assez marquée par ce que j'ai dit, je dois ajouter que les Cisternes d'eau du Collége furent agitées de façon, que l'eau faisant un bruit considérable vouloit sortir par les ouvertures, ce qui arriva aux autres vaisseaux, dont l'eau se répandit. Il en fut de même de celles des bénitiers de l'Eglise.

Un Capitaine François assure avoir senti dans son Vaisseau le même tremblement, & que ce qu'il avoit à bord avoit éprouvé les mêmes vibrations que les Edifices & les Maisons.

Pour mesurer l'arc des ébranlemens, il faut se représenter que le Fanal dont j'ai parlé, ou pour mieux dire sa poulie, étoit alors élevée au-dessus du rez-de-chaussée du Collége d'environ 53 pieds. La corde qui la suspendoit avoit depuis la poulie jusqu'au haut du Fanal un peu plus de 5 pieds 4 pouces. L'espace que décrivoient les ébranlemens de ce Fanal étoit entre les deux extrémités d'environ 4 pieds.

Les dégâts & les effets qu'on a remarqués, & qui meritent plus de refléxion ne sont pas en grand nombre ni considérables. Par rapport aux Maisons & aux Edifices, on a vu quelques toits endommagés, quelques vieilles Maisons tombant en ruine qu'il a fallu étayer depuis quelques lézardes à des murailles qui ne paroissent pas de plus grande conséquence.

Je ne parle point du trouble qui agitoit le peuple dans les Eglises, dans les Rues & dans les Maisons. On ne pouvoit prendre son parti, tout le monde fuyoit sans sçavoir où. On entendoit des cris & des gémissemens. On parloit d'accidens; &c. Je passe à l'effet le plus digne d'attention qui resulte du tremblement de terre.

Le peuple étoit un peu rassuré, quand à 11 heures de la même matinée, le ciel étant clair & serein, sans qu'il parut de vent, la Mer qui avoit 5 heures de marée se retira en peu de minutes. On ne sçait pas de combien. Par la négligence des uns & par l'effroi des autres, personne n'en fit l'observation qu'on auroit dû faire.

Il est vrai que le commun du monde n'avoit point d'exemple de ces mouvemens extraordinaires de la Mer qui suivent les tremblemens de terre. Cependant les gens expérimentés craignirent dès lors ce qui arriva effectivement.

La Mer revint avec tant d'impetuosité, qu'on crut qu'elle entraîneroit avec elle la destruction totale de Cadix. Pour s'en former une juste idée, il faut observer, que du côté du levant du Château de S. Sebastien, & au couchant de Cadix environ à une demi lieue, à ce qu'il paroissoit, de la distance de ce Château, la Mer s'éleva en bouillonnant. Ses vagues monterent à une hauteur démesurée. De là elle se porta à la partie opposée, c'est-à-dire de l'Ouest-Nord-Ouest à l'Est-Sud-Est. Elle vint frapper avec fureur contre le mur qui est depuis la Porte de la Caleta jusqu'au Château de sainte Catherine. Le mur a environ 600 pas du Nord-Nord-Ouest au Sud-Sud-Est. La vague le prenant de biais, renversa le Parapet, & ne laissa qu'une espace contigue d'environ 100 pas. Ce Parapet ou excès du mur, au-dessus du terre-plein, ayant de haut environ 5 pieds 4 pouces, & environ 2 pieds d'épaisseur, fut brisé en morceaux, dont il y en eut quelques-uns de 26 pieds. Le premier débordement de la Mer porta plusieurs de ces morceaux de Parapet à 75 pas du mur, vis-à-vis de l'Hospice. De semblables parties de ce mur roulerent aussi à 100 pas, depuis le Fortin du Salado jusqu'à la croix de la rue de ce nom, ou de la Palma.

Le Magazin où étoient les bois de Charpente de l'Hospice fut ruiné. Une grande partie des Poutres, chacune de 31 pieds de longueur & de 10 à 12 pouces d'équarrissage, furent emportées par l'impetuosité des vagues, & jettées confusément l'une sur l'autre, elles remplirent toute la rue de la Croix jusqu'à la Chapelle de la Palma ; l'eau en emporta quelques-unes jusqu'à l'Eglise de la Pastora (ou Bergere.)

La petite Cloche posée au mur de l'Hospice fut jettée en dedans à la portée du pistolet ; & le marbre sur lequel étoit la Croix qui donne le nom à la rue fut poussé vers la Palma, à une bonne portée de fusil.

La petite Isle de maisons, la plus voisine de l'Hospice & du mur de la Ville abattu, fut inondée. L'eau y monta de 8 à 11 pieds ; de maniere que ceux qui y étoient se sauverent par le haut des maisons, & ceux qui ne le firent pas se noyerent misérablement. On y a trouvé jusqu'à présent environ six à sept personnes noyées.

La Mer en se retirant, laissa ces maisons pleines d'immondices, & presque toutes les cloisons détruites.

A l'entrée de la Porte de la Caleta, du côté du couchant, la Mer vint à 24 pas du Quay.

Du côté du levant de S. Sebastien on remarqua un gouffre ; il se forma d'autres vagues un peu moins terribles que celles du côté du couchant.

Dans la Baie au-dessous de la pierre *Piojo* on en vit d'autres, mais moins dignes d'attention. L'eau entra, dans cette premiere inondation, jusqu'à la maison du Trésorier des Indes, distante de la Porte de Seville d'environ 150 pas.

Le dommage le plus considérable qu'elle y fit, fut d'avarier des ballots de différentes Marchandises qui étoient sur le Môle & aux portes de la Doüane. On essaya même de boucher avec ces ballots la porte de Seville, pour éviter que la mer n'entrât par là, s'il y avoit un autre débordement.

La première inondation de la mer fut si grande au Môle & à la porte de la Marine, qu'elle fit nager quantité de tonneaux pleins de vin, qui y étoient, & les porta au-delà du fossé qui se trouve entre le Môle & la muraille.

Il y en eut plusieurs qui se briserent les uns contre les autres. Les barriques d'eau du Port Sainte Marie eurent la même fortune. Et quand la mer se retira, elle emporta bien des barriques d'eau & de vin, avec mille choses qui embarrassent le Môle ordinairement.

L'eau entra par cette porte d'environ 150 pas au-delà, jusqu'à l'endroit où étoit autrefois l'Hercule. Elle courut par la rue Neuve jusqu'à la rue de Husillo (ou de l'Egout,) par laquelle elle entra dans la rue des Gantiers & des Brancatts, où elle monta d'environ 16 pouces.

Du côté de la porte de Terre, à la Plage de Sainte Marie, environ à une demie lieue des Rochers, on remarqua un autre gouffre, un tournoyement d'eau, & des vagues un peu moins terribles que celles du côté du couchant de S. Sebastien. Les deux mers se rejoignirent sur la Chaussée, qui est presque toute détruite, depuis les Rochers en allant en avant ; c'est là que les premieres & secondes vagues se rassemblerent. Bien des Officiers, des Passagers, des Voituriers & des Négocians, fuyant de Cadix, alloient par la Chaussée chercher leur sureté dans l'Isle ; mais il y en eut peu qui purent échapper à la mort. On croit que le nombre de ceux qui y périrent est assez considérable. On a trouvé quelques cadavres qu'on a portés partie à Cadix & partie à l'Isle.

La Confrerie de la Charité cherche les autres ; mais les deux mers en se retirant en auront emporté beaucoup. Quoi qu'il paroisse peu de personnes noyées, on croit cependant qu'il y a eu beaucoup d'hommes & de femmes qui ont peri avec Chevaux, Voitures, &c.

L'eau entra par le petit Egout dans la rue de Saint Jean & dans le cul de sac des Recolets, sans y causer de dommage.

Je ne puis vous dire, n'ayant pu l'observer, combien la mer mettoit de temps à s'en retourner & à retrograder dans ses premiers mouvemens. Par les observations que j'ai faites depuis, je pense que la mer employoit 12 minutes & plus à se retirer, & 3 ou 4 de moins à revenir.

J'observai après midi qu'elle mettoit 9 minutes à revenir & 7 à s'en retourner, en employant moins à chaque fois à venir. Ces mouvemens alternatifs durerent l'espace de 20 heures, c'est-à-dire, depuis 11 heures du matin du Samedi jusqu'à 7 heures du matin du Dimanche, où ils étoient presqu'imperceptibles.

Dans la seconde & troisiéme retraite de la mer, on observa qu'elle baissoit dans l'espace d'une demi lieue à chacune de ces retraites, & depuis elle diminua beaucoup dans cet espace.

Les Peres de S. Dominique exposerent au public l'image de la Sainte Vierge du Rosaire à la porte de leur Eglise, le visage tourné vers la Baye.

La Confrerie du Rosaire, de l'ordre de M. le Proviseur, sortit ce soir-là même & pendant la nuit. Il y avoit certainement de la dévotion. Un aussi bon Prédicateur, que le tremblement de terre & la retraite de la mer, a fait un fruit admirable. Dieu veuille que les habitans de Cadix confervent les bonnes réfolutions qu'ils ont conçuës.

Le nouvéau Gouverneur, fon Excellence Dom Antoine Azlor, a montré fon zéle & fa prudence. Il fit mettre des Soldats près des murs; & on dit encore que fachant ce qui alloit arriver, il donna ordre que perfonne ne fortît par la Porte de terre.

On ajoute qu'il fit mettre par précaution, dans les places & autres endroits, des barils de goudron & des torches propres à réfifter au vent, afin qu'on pût éclairer les rues, s'il arrivoit quelque chofe de nouveau la nuit du Samedi, & qu'on n'allât pas dans l'obfcurité, fi le tremblement de terre recommençoit. Il eut foin de ne pas fe deshabiller cette nuit-là, & d'avoir un Cheval prêt, à tout évenement, afin de fe trouver auffi-tôt en perfonne, où il feroit néceffaire.

Voilà ce qui m'a paru digne de remarque. Le refte eft fçu de bien des perfonnes. Mgr. l'Illuftriffime (Evêque de Cadix) étoit au Port-Royal dans cette trifte journée. Le lendemain il vint à Cadix, & il alla à pied, avec peu de fes gens, du Môle à l'Eglife de Notre Pere S. Dominique; & fuivi d'un grand peuple, il fit fa priere avec beaucoup de dévotion devant la ftatue miraculeufe de la Sainte Vierge du Rofaire.

Le Mardi il publia un Mandement digne de fa pieté, où il exhortoit les Fidéles de fon Diocéfe à la crainte de Dieu, à abandonner les vanités prophanes, les parures & les divertiffemens, à faire pénitence & à avoir de la reconnoiffance du fingulier bienfait, par lequel nous n'avions pas été punis comme nos fautes le meritoient. Il ordonna pour le Mercredi un jeûne, qui a été religieufement obfervé par le peuple.

Il convia tout le monde à affifter à une Proceffion générale, qui fe fit en effet le foir du même jour. Je vous affure que cela tiroit les larmes du cœur le plus dur, tel que le mien, de voir un peuple immenfe rangé en Proceffion avec tant de dévotion, de pieté & de filence.

Cette Proceffion étoit compofée de toutes les Communautés, de la Confrerie du Rofaire & des autres, des deux Chapitres, en un mot de tout le peuple. Les deux Statues de nos Patrons S. Servant & S. Germain, & la precieufe Relique du bois de la Croix furent portées à la Proceffion, qui alla felon l'ordre de Mgr. l'Evêque à l'Eglife des RR. PP. Dominicains, où étoit expofée en habits magnifiques & richement ornée, l'image de notre Dame du Rofaire, qu'on ne pouvoit regarder fans faire paffer aux yeux des autres la tendre pieté & la dévotion dont nos cœurs étoient pénetrés.

Le Jeudi matin on rendit à Dieu des actions de graces avec la plus grande folemnité par le *TE DEUM* qui fut chanté dans la Sainte Eglife (la Cathédrale,) & où affifta un peuple immenfe.

Que Dieu qui par fon infinie miféricorde a regardé nos bonnes réfolutions, & a fufpendu l'effort de fon bras qui nous menaçoit d'une ruine totale, rende fes fecours efficaces dans tous les habitans de cette Ville, afin qu'ils vivent comme ils le doivent : qu'il vous conferve, comme le lui demande celui qui eft votre fidéle & véritable ami, &c.

A Cadix, ce 6 Novembre 1755.

NOTE curieufe fidélement tirée du P. Miniana dans fa continuation de l'Hiftoire générale d'Efpagne du P. Mariana.

AU mois de Novembre l'Ocean devenu furieux, fit de cruels ravages dans la Flandre : il ruina plufieurs Villes, fit perir une infinité de perfonnes, & caufa un degât prodigieux. Ce malheur avoit été précedé par des pluyes opiniâtres, d'horribles tonnerres, des tremblemens de terre continuels, & de cruels tourbillons de vents pendant trois jours. Sans parler de ce que le Philofophe penfe de ces fortes d'évenemens, celui-ci produifit une fi grande terreur qu'on ne douta point que la fin du monde ne fut arrivée. Le Portugal eut auffi beaucoup à fouffrir. Car le deux Novembre 1531, & au commencement du trois la terre trembla & éprouva des fecouffes continuelles, & bien du monde fut enfeveli fous les ruines des Edifices. La Mer s'enfla & plufieurs Vaiffeaux furent fubmergés par l'impetuofité des flots. La Riviere du Tage fut repouffée avec violence. Ses ondes furieufes fe déchargerent fur les deux rivages, & le milieu demeura à fec, au grand étonnement de ceux qui en furent les rémoins. La crainte fut grande : mais il eft certain que le danger l'étoit. Car à chaque pas on voyoit les toits tomber & fe précipiter. Le Roi craignant la ruine de fon Palais, fe trouva forcé de fortir avec la Reine, & affis comme ils purent au lieu où ils s'étoient retirés, ils fe fentirent agités fur leurs fieges. Une femblable peur fit qu'un grand nombre de perfonnes ne pouvant fe tenir debout, fe jetterent par terre.

Permis d'imprimer, vendre & diftribuer, à Orleans ce 7 Fevrier 1756.
TASSIN, Maire.

A Orleans, Chez JEAN ROUZEAU-MONTAUT, Imprimeur du Roi, de S. A. S. Monfeigneur le Duc d'Orleans, & de la Ville, 1756.

TRADUCTION littérale d'une Rélation Espagnole intitulée :
Leger Crayon ou Description succincte des Effets lamentables causés dans cette Ville de Seville par l'étonnant Tremblement de Terre arrivé le premier Novembre de cette année 1755.

ON ne voyoit plus dans la Religion Catholique ce concert de Vertus, qui la rendoit auparavant si recommandable. Les vices & les désordres couvroient la face de la Chrétienté. La cupidité étoit sans frein, l'orgueil croissoit, l'impureté étoit à son dernier période, l'irréligion étoit en honneur, l'excès du Vin dans toute sa force, & un cahos d'obscénités tenoit lieu des loix de la nature. La Justice divine après avoir montré tant de patience en différant le châtiment que méritoit notre malice a voulu s'opposer aux efforts de notre obstination & a tiré sa rédoutable épée. Dieu a fait étinceler le glaive de sa Justice par le terrible & déplorable Tremblement de terre qui a commencé le premier Novembre de cette année 1755. à dix heures 3. minutes du matin.

Par un fâcheux pronostic de cet effrayant accident, le matin de ce jour, la Ville se trouva couverte d'une nuée épaisse & ténébreuse, qui y joignit ses funestes influences. Le Tremblement de terre commença par un bruit souterrain affreux qui étourdissoit tellement les oreilles, qu'on fut obligé d'employer tout l'effort de son attention pour s'en distraire. Mais on n'en eut plus la force quand on vit les Edifices trembler & sortir de leur à plomb, & les ornemens se déjetter des murailles. Ainsi qu'un foible roseau agité par la violence d'un furieux ouragan, les corps d'Architecture les plus solides étoient agités de sécousses terribles.

Le courage des plus intrépides s'évanoüit : Ce fut alors que régna le trouble. On jettoit des cris confus. La ferveur du Chrétien le fit s'écrier par des Actes de contrition, & implorer la divine Miséricorde. Les Prêtres qui offroient les SS. Mysteres quittoient les Temples, & revêtus de leurs Habits Sacerdotaux, sortoient dans les rues, & donnoient l'absolution à ceux, qui saisis de peur, couroient la demander, & confessoient leurs péchés. Les Temples, les Tours & les Edifices paroissoient n'être plus sur leur à plomb. Les pierres & les briques se fendant avec éclat, tomboient comme une grêle épaisse. Dans une si grande confusion, il n'y avoit pas de pere qui se souvînt de son fils. Tous attendoient la destruction non-seulement de cette Ville, mais encore du monde entier. Ce malheur étoit si prochain, qu'il n'y a que le bras puissant de la miséricorde infinie qui ait pû l'arrêter.

Le bruit affreux dura 11. minutes dans toute sa force ; il fut 4 autres minutes à diminuer jusqu'à la fin. On peut compter 17. minutes depuis que l'on commença à entendre ce bruit jusqu'à sa fin totale; & pendant cet espace de temps l'affliction du peuple fut extrême.

A

Ceux qui difoient la Meffe à la Cathédrale fortirent revêtus de leurs Vêtemens facrés, & allerent à la Bourfe, jufqu'à ce que le tremblement de terre fut paffé. On dit une Meffe fur les dégrés pour le peuple, qui faifi de crainte, n'ofoit entrer dans l'Eglife parce qu'elle étoit remplie de décombres.

Mais le bonheur de ce peuple a été fi grand au milieu de ce défaftre, qu'il ne lui eft point arrivé d'autres accidens comme on en eft maintenant affuré, que ceux qui fuivent. Une Cloche du Couvent de S. Antoine tomba avec la moitié du Clocher fur l'Eglife, & creva la voûte & le plancher du Chœur d'en haut. Une Dame qui étoit deffous fut écrafée, & par cette cloche & par les décombres. Sur les Dégrés de la Cathédrale, un enfant de 12 ans, frappé par les pierres du fronton qui tomboient, en fut eftropié. Une Statue de pierre repréfentant S. Ferdinand qui étoit fur le portail de la Alhondiga (du Grenier aux Bleds) tomba fur deux enfans dont il tua l'un & bleffa l'autre, qu'on dit être mort depuis à l'Hôpital. A Triana les décombres de la Tour de l'Eglife de Nôtre-Dame de la O tuerent un Invalide vis-à-vis les degrés de la Cathédrale. Un vieux mur tomba fur un autre Jeune-homme & le tua, il y eût plufieurs perfonnes de bleffées par la chûte des pierres.

La Divine Clemence a permis que tout l'effet de fa jufte colère tombât fur les Edifices, & en particulier fur les Temples; car depuis l'Edifice magnifique & prodigieux de l'Eglife Patriarchale & Cathédrale, jufqu'à la plus petite Chapelle, il n'eft pas refté dans la Ville un feul lieu de dévotion qui ait refifté à la force de ce terrible tremblement de terre. Leur force & leur folidité ne les ont pas exemptés du ravage qu'il a caufé.

Un fpectacle fi touchant a tiré les gemiffemens du cœur des Fidèles enfans de cette noble & illuftre Patrie, & même des Etrangers. Tout le monde la refpectoit comme la Ville la plus célébre de la Peninfule (que forme l'Efpagne) & la gloire de toute la Nation. La douleur fit jetter des cris à la vûe des ruines de notre fainte Eglife-Matrice. Elle dominoit (j'ofe ainfi parler) fur toutes les autres en ce qui regarde le culte divin, & elle fe voit aujourd'hui privée de l'avantage de poffeder le Saint des Saints. Elle étoit le réfuge & l'azyle commun dans l'affliction de tous les Citoyens, aujourd'hui par fes triftes ruines, elle nous a fermé fes portes dans notre difgrace. L'Illuftre Metropole de l'Andaloufie, dont le Chapitre célébre donnant l'exemple de la fidélité & de l'attachement, fe furpaffoit pour augmenter fes Bâtimens & conferver fon immunité, eft devenu aujourd'hui un objet digne de compaffion, un Pantheon de ruines, & un monceau de décombres.

Cet Obelifque fi élevé, cette Tour fi démefurément haute, rénommée dans l'Univers pour la huitiéme merveille, qui avoit toûjours refifté à la violence des intempéries de l'air, à la cruauté des furieux ouragans & aux dégats des tremblemens de terre les plus impetueux, foit par fa force, comme le montre fa folidité, foit par la protection de fes bienheureufes Patrones, les Saintes Martyres de Seville, comme il eft conftaté par plufieurs actes authentiques qui fe trouvent dans les Archives du Chapitre : Cette Tour, dis-je, ne pût tenir contre la violence d'un coup si rude, son sommet branloit de côté & d'autre, comme auroit pû faire quelque corps leger, & faisoit croire à chaque vibration que l'Edifice n'étoit plus dans son assiéte. Les Ornemens aussi solides que magnifiques qui étoient sur le haut de cette Tour, se détacherent, & cet accident causa une douleur d'autant plus grande, que le dégât se montra évidemment par une breche qui va en augmentant depuis le Balcon d'enbas, jusqu'aux Pyramides qui garnissent le premier corps d'architecture sous les arcades des Cloches. Son avant dernier corps fut démantelé, suivant que l'assurent ceux qui passerent par là, & qui furent assez hardis pour en être témoins. La Tour demeura un peu hors de son à plomb.

La Collégiale de St. Sauveur, Bâtiment d'une force merveilleuse, se fendit entiérement avec danger ; quelques ornemens qui étoient au-dessus de la Porte principale, tomberent & mirent en piéces une partie de la Corniche, malgré son épaisseur. Il est resté plusieurs pierres de taille, comme presqu'entiérement détachées de ses murs. On se vit obligé d'en retirer le St. Sacrement, & de le mettre en dépôt dans une Chapelle, que l'illustre Confrerie de ce Mystère avoit fait construire, & qui n'étoit pas encore benie.

Dans le Couvent de la grande Maison du Séraphique Pere S. François, l'Eglise souffrit quelques dommages, malgré la solidité du Bâtiment : il tomba presqu'un coin du principal Cloître, & un autre fut endommagé & percé par une Cloche qui tomba du Clocher. Dans les environs la Chapelle de S. Antoine, appellée vulgairement la Chapelle des Portugais, fut entiérement ruinée. Il tomba une autre Cloche au Couvent de S. Antoine qui causa la mort (de la Dame) dont j'ai parlé cy-dessus, & fit une ouverture dans le Chœur du haut & du bas. Il y eût encore d'autres dommages considérables dans l'Eglise & le reste de la Maison. Celui de Nôtre-Dame de la Merci fut si grand, qu'il fallût promptement étayer les murs principaux. Le Couvent Royal de S. Paul ne fut pas moins endommagé. S. Jean-de-Dieu eût beaucoup à souffrir, & ses deux Tours furent entiérement ruinées.

La lanterne de la grande maison des Jesuites abîma toute entiere ; & ce fut un prodige singulier, que quoiqu'il y eut plusieurs personnes qui couroient toutes troublées de côté & d'autre, sa ruine laissa le temps à ceux qui remplissoient cet endroit de se retirer avant qu'elle tombât. Le reste de l'Église & la maison ont été fort maltraitées.

La Tour de S. Pierre tomba par terre. Elle devoit abattre l'Eglise, mais il n'y eut qu'un côté de ruiné. A l'Hôpital du Sang, hors des murs, l'Eglise, l'un des Bâtimens les plus solides, qui embellissent la Ville (& ses Fauxbourgs,) fut totalement abattuë, de sorte qu'il en a fallu fermer les portes ; & le reste de la maison a été endommagé. La grosse cloche de saint Marc tomba de la partie la plus haute de la tour, où elle étoit, à la plus basse, & causa de grands dégâts. Au Couvent de la grande maison des Carmes, l'Eglise & l'interieur de la maison sont restés très endommagés. Au Couvent des Trinitaires chaussés, hors des murs de la Ville, les clefs de la voute de la grande nef tomberent; le reste de l'Eglise & de la maison a éprouvé de grands dégâts.

L'Eglise du Collége de S. Albert est inhabitable. Le Collége de l'Ange, appartenant aux Carmes déchaussés, a souffert un dommage auquel il faut promptement remedier. La tour & les cloches sont maintenant par terre. Le Couvent de S. Augustin, hors des murs, est presque ruiné. Celui du Peuple où sont les Augustins déchaussés est dans un état pitoyable; une cloche & une partie du clocher sont par terre. La Paroisse de S. Michel est presque ruinée. Celle de S. Vincent, toute lézardée avec danger. Le grand Collége de l'Université, bâtiment magnifique, a souffert un dégât total. Le Couvent des Peres de la Merci déchaussés est entierement ruiné, & il y a eu ordre d'en fermer l'Eglise. L'Hôpital de saint Bernard est tout lézardé. Ses cloches & sa tour sont par terre. La maison du S. Esprit des Clercs Mineurs a été fort endommagée, & la cloche n'a été retenuë que par un pilier. Le Collége de S. Acace a été fort maltraité; & le haut de sa tour, malgré sa pésanteur, a été jetté à une grande distance. Le Dôme du Val, Couvent des Franciscains Recollets, est entierement abîmé. La maison de l'Hôpital de la Charité est presque totalement ruinée.

A Triana, la Paroisse de sainte Anne est inhabitable: On en a tiré le Saint Sacrement, & on l'a déposé à la Chapelle (ou Hermitage) de l'Incarnation; mais comme on s'aperçut que cette Chapelle s'étoit ressentie du désastre commun, & qu'on la trouvoit déja endommagée, on le porta de là à l'Hermitage des Martyrs. L'Eglise de Notre-Dame de la O est toute ruinée. Le Collége de S. Hyacinte, de l'Ordre des FF. Prêcheurs (ou Dominicains), est ruiné en grande partie. Le reste est tout lézardé.

Voila le dégât le plus considérable des Temples. Les autres Colléges & Couvens de Religieux sont dans un état pitoyable, & très endommagés. Il n'est point de Couvent de Religieuses qui n'ait souffert; & le dégât a été si grand, dans quelques-uns, qu'elles ont été obligées de quitter leur cloître. Elles crioient miséricorde en sortant pour éviter la mort. Elles la considéroient comme les ménaçant à double titre, s'attendant de périr par la rigueur de la justice Divine, & par la chute prochaine des Edifices.

Les Paroisses, les Chapelles, les Hermitages, & les Hôpitaux éprouverent tous d'horribles dégâts. L'ancien Palais Royal (des Maures) a éprouvé différens dommages dans ses tours, ses fortifications, ses murailles, ses bâtimens & les murailles de son enceinte. Le Château de la sainte Inquisition, qui est une véritable Forteresse, a été furieusement endommagé; ses murs se sont fendus aussi-bien que ses tours, dont une a été totalement ruinée.

Dans toute la vaste étenduë de cette Ville, & de ses Fauxbourgs, on ne voit point de Maisons & d'Edifices qui n'aient été maltraités. La solidité de leur construction a été forcée de ceder à l'extrême violence du tremblement de terre.

Leurs ruines déplorent l'obstination par laquelle leurs habitans ont attiré le coup que la justice de Dieu leur a porté. Un Pays agréable, objet de l'admiration, & qui étoit vanté par la renommée, est devenu le rendez-vous des infortunes & un amas de décombres & de ruines. Dans un lieu aussi garni de materiaux, comme est cette Ville, il ne s'en est pas trouvé assez pour étayer & soutenir les Edifices ruinés, jusqu'à ce qu'on les abatît entierement : ce qui ne peut se faire avec autant de diligence qu'il faudroit ; car, quoiqu'il y ait beaucoup de monde qui travaille, il ne peut suffire pour démolir tout ce qu'il faut détruire. Il n'y a point de rue qui ne bouche le passage par des décombres & des matériaux entassés, malgré la sage conduite, la vigilance & la piété de Messieurs les Juges tant Ecclésiastiques que Séculiers.

Dieu ne nous avoit pas encore délivrés du tremblement de terre, quand le Juge Séculier, prenant promptement sa résolution, fit publier deux Ordonnances. La premiere étoit pour empêcher, sous des peines grieves, qu'on fît rouler dans la Ville & dans ses Fauxbourgs des Carosses, des Caleches, des Chaises, des Charettes, Chars & Chariots. La seconde ordonnoit à tous les Architectes, de se trouver le même jour, à deux heures après midi à la maison où se font les Assemblées. Les Seigneurs qui se tiennent s'y trouverent, & convinrent avec eux que deux Chevaliers partiroient pour chaque Paroisse avec un Architecte, afin de dresser un Procès-verbal de l'état de toutes les Maisons & de tous les Edifices de la Ville : ce qui fut exécuté avec exactitude & diligence. Le zéle de M. le Gouverneur est si actif, que son ardeur n'occasionne aucune négligence. Attentif au bien public dans cette commune affliction, pour empêcher les Marchands & les Ouvriers de profiter du besoin qu'on avoit de materiaux, & de bois de charpente, pour en hausser le prix & satisfaire leur avidité, il fit publier une Ordonnance, portant défense, sous des peines sévéres, de rien innover, ni d'augmenter le prix des materiaux au-delà de celui où il étoit avant le tremblement de terre. Il fit ensuite la même chose pour regler les journées des Ouvriers, qui commençoient déja à vouloir les enchérir & à refuser de travailler ; il les y fit contraindre, de même que les vagabonds à qui il fit faire le métier de manœuvre, & quelques autres fonctions nécessaires à quoi ils étoient propres.

L'Auteur employe le reste de sa Rélation à décrire les Processions qui furent faites. Il donne l'extrait d'un Mandement que publia le Grand Vicaire, & il parle des prodiges que la Sainte Vierge, Patrone de Séville, a operés pour sauver la vie à plusieurs personnes. Un de ces prodiges est d'avoir conservé le Chapitre de la Cathédrale, qui ne voulut pas sortir de l'Eglise sans emporter avec lui le S. Sacrement, la Notre-Dame de la Sede, & le bois de la Croix, *à l'imitation du pieux Enée,* dit l'Auteur par un trait d'érudition qui se trouve ici très-déplacé.

RELATION du tremblement de terre arrivé à Huelva & dans les lieux circonvoisins le premier de ce mois.

A Huelva, ce 2 Novembre 1755.

HIER, jour de la Toussaints, on éprouva dans ce Bourg un tremblement de terre épouvantable, le plus grand dont on ait eu connoissance en Espagne & dans les Provinces Occidentales.

A 9 heures 52 minutes on entendit un bruit souterrain, accompagné d'un tremblement ou ébranlement de terre si violent, qu'il sembloit que son axe fut rompu.

En 7 ou 8 minutes qu'il dura, les plus grands Edifices tomberent par terre, & ceux qui ne tomberent pas sont lézardés & très endommagés.

On regarde le Couvent des Religieux de la Victoire, celui de la Merci, celui de S. François, & celui des Religieuses comme hors d'état d'être habités. Le Palais, qui a le moins souffert, a besoin de grandes réparations : plusieurs bâtimens les plus élevés ayant été endommagés, & les gros murs restant dans un pitoyable état.

Il en est de même des autres Maisons qui restent sur pied : Il y en aura la moitié de moins dans ce Bourg, qui étoit si beau auparavant.

Les Bourgeois consternés à la vuë de ce désastre se sont enfuis sur les collines & les éminences les plus élevées, non seulement dans la crainte que ce fleau ne récommençât, mais encore pour se sauver de la fureur de la mer, qui une heure après le tremblement fut terriblement agitée, de maniere qu'on crût tout le Bourg noyé.

Dans cette fâcheuse circonstance, la piété porta à retirer le S. Sacrement (de l'Eglise,) mais Dieu a bien voulu nous consoler. L'eau n'a pas passé la partie du Bourg appellée la petite Place.

On a eu aujourd'hui les plus tristes nouvelles des autres Bourgs de ce Comté, qui ont autant souffert du tremblement de terre. Le dommage le plus sensible est celui qui est arrivé sur la Côte. On assûre que les grands filets qui étoient à la Tuta pour la pêche de la Sardine, & tout le poisson qu'on avoit déjà pris, sont absolument perdus ; & que la plus grande partie des gens qui se sont trouvés sur ces rivages ont été noyés. Dieu nous regarde en compassion, après qu'il nous a fait sentir le doigt de sa Justice, à cause de nos péchés, & qu'il nous protége par sa miséricorde.

À Huelva, le 9 Novembre 1755.

LE Bourg ayant été ruiné par le tremblement de terre du premier de ce mois, comme on l'a marqué précédemment, on ne pense qu'à achever d'abattre ce qui reste sur pied des Edifices ruinés, à étayer ceux qui ne menacent pas d'une ruine si prochaine, & à débarasser les ruës qui sont pleines de matériaux & de décombres à la hauteur en grande partie de 5 à 8 pieds, pour faire écouler les eaux qui commencent à tomber. Chaque jour nous rend plus sensibles au désastre que nous avons sous les yeux.

Nous habitons la Campagne dans des Jardins, où nous souffrons mille incommodités, le froid, & la pluye. Les tremblemens ont recommencé. Quelques-uns ont été imperceptibles ; mais hier, Samedi, nous en eumes deux assez violens, qui ont mis le Bourg dans un état digne de commisération : le premier à 3 heures du matin avec un bruit souterrain semblable à celui de quatre canons qui tireroient ensemble : & le second à 9 heures trois quarts du matin.

L'affliction permet à peine de respirer dans une si grande consternation. Plusieurs Familles de distinction & du commun abandonnent tout & se sont retirées aux Villages voisins qui ont moins souffert, comme Gibraleon, Saint Jean du Port, & Valverde.

Les Officiers de Police de ces villes ont eu l'attention d'envoyer des Députés à Huelva, pour offrir des vivres, de l'argent, des maçons, des manœuvres, &c. mais le mal paroît presque incurable. On ne pense qu'à procurer des vivres au commun des habitans, & à démolir au lieu de réédifier. Dieu a voulu ruiner en peu de minutes ce que les hommes avoient fait en bien des années, & pendant des siécles entiers.

Si nous remercions Dieu de nous avoir conservé la vie, nous nous voyons noyés d'afflictions par les nouvelles qui arrivent successivement des pêcheries. Les filets qui étoient à la Tuta, & la Sardine qu'on avoit déja pêchée, (car c'est maintenant la saison) ont été perdus en grande partie, & il s'y est noyé une infinité de pauvres gens, dont il y en a 130 à 150 d'Huelva. Leurs morts excitent les larmes de ceux qui leur survivent.

Hier on fit une Procession de pénitence, &c. dans la Campagne & les Quartiers inhabités. Le Clergé & les Communautés y assisterent, & on a continué aujourd'hui de dire la Messe en raze Campagne, sous une tente faite de voiles de bateau, à cause de la pluye qu'il fait. Lès Supérieurs, qui ont consulté leurs Provinciaux sur ce qu'ils feroient de leurs Religieux, en ont reçû ordre de laisser à chacun la liberté d'aller où il voudroit, en attendant que Dieu en dispose autrement, & de les exhorter seulement à donner le bon exemple. Il paroît que ceux qui en useront les premiers seront les Religieux déchaussés de la Merci.

Dans les pâturages de Montañina, près de Bollullos, la force du tremblement de terre a fait une crevasse qui a laissé une ouverture de 80 à 107 pieds de circonférence, dont on ne peut voir le fond.

Il y en a une autre moins grande dans le Palais du Duc de Bejar, à Gibraleon, d'où il sort un bruit terrible.

Il y en a une troisiéme dans l'Isle de Salte ou la Cascaxera. On a remarqué que toute l'eau que la mer a amenée, s'est précipitée par ces crévasses qui la renferment.

A Ayamonte, le 2 Novembre 1755.

LE premier de ce mois, entre 9 & 10 heures du matin, on a éprouvé dans cette Ville un si violent tremblement de terre, qu'en 14 ou 15 minutes qu'il a duré, il a endommagé la plus grande partie des Edifices, pour ne pas dire presque tous, sans épargner les plus solides, ruinant entierement les uns, & faisant des bréches immenses aux autres.

La tour de la Paroisse de S. Sauveur est tombée jusqu'au-dessous de l'endroit où étoient les cloches, qui sont aussi par terre. Le corps de l'Eglise a souffert quelque dommage : celle de Notre-Dame des Angoisses a souffert un peu moins que la précédente. Tout le Couvent de notre P. S. François a éprouvé un aussi grand dégât, aussi-bien que les maisons voisines. Celui des Religieuses de sainte Claire est en plus grande partie si ruiné, qu'elles se sont vûës obligées d'en sortir, avec la permission du Gardien du Couvent de S. François d'où elles dépendent, & accompagnées de leur Confesseur. On les a mises en dépôt à l'Hôpital des enfans trouvés, qui est de toutes les maisons qui sont restées celle où elles peuvent être plus en sureté : les malades même s'y sont rendües, & jusqu'à une moribonde, à qui la grandeur de ses maux faisoit attendre à tout moment sa derniere heure.

Toute la voûte du Chœur & une partie de l'Eglise des Religieux déchaussés de Notre-Dame de la Merci, sont tombées. C'est une singuliere providence, que ce n'ait pas été sur les Religieux qui quitterent le Couvent, & sur les gens qui entendoient la Messe dans l'Eglise.

L'Hôpital de Notre-Dame de la Pitié, destiné à traiter les malades, a aussi souffert quelque dommage.

Le clocher de l'Hermitage de S. Roch, hors la Ville, est tombé presqu'en entier.

Le Château a pareillement été très endommagé. Un Soldat de la Garnison y a péri, enseveli sous les ruines.

Le Boulevard de Notre-Dame des Angoisses, qu'on venoit d'achever, est de même assez endommagé & à demi ruiné.

Un peu plus d'une demie heure après le tremblement de terre, la mer & la riviere de la Guadiane avec tous les canaux qu'elles forment, déborderent sur les côtes des Isles voisines de cette Ville, dont les ruës mêmes furent remplies d'eau jusqu'à des endroits où on ne sache pas qu'elle se soit jamais avancée. La Mer baissa quelque temps après : elle crut & diminua par trois fois, même au temps que la marée baissoit, mais ce fut avec moins de violence. On y aperçut cependant des vagues comme de hautes montagnes d'une eau noire qui faisoit horreur. La mer renversa tout, jusqu'à la moitié de la tour nommée de *Canela*, qui est à l'entrée de la barre du Port.

Ce second évenement acheva de consterner les esprits des habitans qui étoient déja bien affligés. Ne pouvant plus y tenir & craignant de plus grands dangers, ils quitterent la Ville & se retirerent sur les montagnes voisines, où ils sont tous, depuis la famille la plus distinguée jusqu'à la plus misérable, & même les malades : ils ont passé la nuit derniere les uns sous des tentes de campagne, faites avec des voiles : les autres exposés aux injures de l'air qui étoit cruellement froid, sans oser revenir à la Ville. Ils craignoient jusqu'au moindre mouvement qui pourroit arriver par hazard, parce que le tremblement de terre avoit recommencé, quoique avec peu de force, entre 9 & 10 heures de la nuit. On ne peut exprimer les cris continuels, les lamentations, & les clameurs du peuple qui demandoit miséricorde au S. Sacrement, qu'on porta d'abord dans les ruës, & ensuite dans la campagne & sur les montagnes où on s'étoit retiré pour éviter la mer : ils suffiroient seuls pour montrer l'épouvante qu'a causé ce jour terrible.

Un coup si rude a produit une si grande confusion, qu'on ne peut sçavoir au juste le nombre de ceux qui sont morts ni celui des blessés.

On a observé qu'en différens endroits & sur tout sur les côtes, la terre s'est entr'ouverte, & qu'il sort beaucoup d'eau par les crévasses. On a encore plus souffert dans les contrées voisines. La mer a entraîné les barraques qui y étoient avec les fonds, les effets, les chargemens, les sels & l'argent employé au gros commerce qu'on sçait qui s'y faisoit. Les Compagnies des Négorians de Catalogne, de Valence & du Pays y avoient alors de très-grosses sommes d'argent. La mer a tellement détruit tous ces établissemens, que la place est demeurée aussi nette que s'il n'y en avoit jamais eu, & elle est devenue une mer, sans aucune marque de ce qu'elle étoit auparavant. Beaucoup de personnes de l'un & l'autre sexe y ont péri. Si quelqu'un se retiroit dans des barques, les coups de mer faisoient fendre les unes & portoient les autres vers les côtes. Pour éviter la mort on se jettoit à l'eau (tant on étoit troublé) & on y perdoit la vie. Pendant tout ce temps néanmoins, l'air étoit serein, sans ouragan, & même sans vent. On ne peut aprecier à quoi peut se monter toute la perte, ni dire le nombre de ceux qui sont morts, à cause de la confusion dont j'ai parlé. On craint encore au bout de 24 heures, que le tremblement de terre ne recommence.

À Ayamonte, le 4 du même mois.

Quoiqu'on ne l'ait pas éprouvé auſſi fort que le premier du mois, il a recommencé à différentes repriſes, mais foiblement. On obſerve que les marées viennent dans les heures marquées à une grande hauteur, ſans toutefois cauſer du dégât, & en croiſſant regulierement.

Les nouvelles que l'on a ſucceſſivement des perſonnes qui ſe ſont trouvées ſur les lieux, & qui ont eu le bonheur de ſe ſauver, font penſer que la perte des hommes & des effets de commerce a été conſidérable ; on le voit encore par la multitude des cadavres qui ont été jettés ſur la côte. La mer a rapporté auſſi quelques marchandiſes que l'on a recouvrées, mais c'eſt peu de choſe en comparaiſon de la perte que l'on a faite. Le déſaſtre a été pouſſé ſi loin, que ceux qui ſe ſont ſauvés ſont arrivés à terre entierement nuds.

Enfin, par les enterremens qui ſe ſont faits par les Curés de cette Ville & de la Campagne, & dans les Villages voiſins de la côte de Redondela, de Lepe & des environs de la mer, on croit que le nombre des morts ſe monte à 400, en y comprenant deux Religieux qui faiſoient les fonctions de Chapelains dans ces quartiers-là.

Extrait d'une Relation de Cordoue.

Le premier Novembre 1755, à 9 heures 50 minutes, on ſentit un effroyable tremblement de terre qui dura 9 minutes, avec tant de violence que tous les Edifices ſembloient tomber en ruine, au bruit terrible qu'on entendit cauſé par des ſecouſſes continuelles & précipitées. Le tremblement ceſſa pendant un demi quart d'heure, & reprit avec la même force, mais ſeulement pendant une minute.

La Relation parle enſuite du trouble que le tremblement excita parmi le peuple, & des dégâts qu'il a cauſé aux Egliſes & aux Maiſons, dont 200 ſont ſi maltraitées qu'il faut les démolir. Perſonne n'y a péri. Il n'y a eu de bleſſé qu'une jeune fille qui étoit dans l'Egliſe de ſainte Agnès, ſur qui tomba une image de la Sainte.

On a remarqué le courage de D. Pierre Cabrera, Chanoine de la Cathédrale, qui avoit été nommé au Doyenné & qui l'avoit refuſé : il diſoit la Meſſe Capitulaire quand il entendit le bruit & qu'il vit l'ébranlement de ce Temple magnifique, il ouvrit le Tabernacle, il en tira le S. Sacrement, l'embraſſa, & s'étant mis à genoux avec deux prébendés qui l'accompagnoient à l'Autel, il n'attendoit que ſa derniere heure : Les autres Officiers & Chanoines étoient ſortis de l'Egliſe pour ſe retirer au *Campo Sancto* qui eſt auprès.

A Bujalante il n'eſt pas reſté de maiſon entiere pour y dépoſer le Saint Sacrement.

On mande de Luque qu'il s'eſt fait une ouverture à une montagne des environs, & une autre à Cañete quoique plus petite, & qu'il eſt ſorti de ces ouvertures beaucoup de fumée & une odeur peſtilentielle.

La Relation ajoute enſuite qu'à Belalcazar l'Egliſe eſt abymée tout d'une piece, de ſorte que le peuple en eſt ſorti par le haut des feneſtres qui ſe trouverent au niveau de la terre, ſans avoir éprouvé aucun dommage; & qu'à la Guardia la Vierge du Roſaire des Dominicains avoit répandu des larmes, & que l'Evêque de Jaen faiſoit alors les informations pour conſtatèr la vérité de ce prodige.

Extrait de la Relation de Grenade.

GRENADE a éprouvé en différens tems des tremblemens de terre. Ceux dont le ſouvenir eſt encore préſent, ſont ceux du 19 Octobre 1680, du 4 Novembre 1714 à 8 heures & demi du ſoir, & le lendemain à 3 heures & un quart du matin. Un troiſiéme le 11 Avril 1715 à 11 heures moins un quart du ſoir. Un quatriéme le 7 Octobre 1748 à 2 heures du matin, qui ſe fit ſentir à deux fois différentes. Enfin celui du premier Novembre 1755 : Il commença entre les 9 à 10 heures du matin & dura 10 minutes. Les quatre nefs de la Cathédrale ont eu leur voute rompue. Une pierre qui eſt tombée de l'Egliſe des Carmes anciens à rompu les bras à un jeune garçon. L'Egliſe de S. Sauveur eſt hors d'état de ſervir, d'autres Egliſes ont été beaucoup endommagées. Le 2 le tremblement recommença à 2 heures du matin, mais foiblement & ne dura qu'une minute.

A *Alcala la Real*, une partie de la Grande Egliſe eſt tombée. La même choſe eſt arrivée à celle de *Malacena*, éloignée de Grenade d'une demi lieue. A une lieue de cette Ville eſt ſitué ſur une éminence le Village de *Guebejar* : le tremblement y a ouvert une crevaſſe qui s'élargit de jour en jour; les Maiſons y tomboient à chaque inſtant, ce qui fit prendre le parti d'abandonner ce Village, & on mande aujourd'hui que l'ouverture s'étant accruë, il y a été entiérement enterré.

On mande de *Jaen*, le 4 Novembre que le tremblement du premier y avoit duré 8 minutes, la Cathédrale a été lezardée, & les autres Egliſes ont beaucoup ſouffert, mais il n'y a pas eû d'autres malheurs.

Permis d'imprimer, vendre & diſtribuer, à Orleans ce 7 Fevrier 1756.
Signé, TASSIN, Maire.

A Orleans, Chez JEAN ROUZEAU-MONTAUT, Imprimeur du Roi, de S. A. S. Monſeigneur le Duc d'Orleans, & de la Ville, 1756.

On mande de Liège, qu'il s'est élevé une ouverture sensible entre les deux vicairies, & que, sous le clocher de ciel, une petite crevasse s'est faite, d'où sortent vers le sommet de musc & une odeur pestilentielle.

Les cloches ajoutées entière ont ébranlé et l'Église & ébranlé tout; elles pleurent, de sorte qu'à l'exception de six, toutes les hautes des fauxées, quelles tremblent au-dessous de la terre, sans avoir éprouvé aucun dommage, ni de la part du peuple, ni du Collège, ni des autres proches rapproché à la chapelle, &c. On n'a pu, selon les informations qu'on a eu, voir le rapport ce qu'il est.

Détail de la Maison de Campi.

Il y a eu à plusieurs reprises en différents temps des ensablements de terre: Gros vents si abondants qu'on s'est occupé, l'on compte, du 19 Octobre 1754, du 1er & du 7 Février, 3 heures & demi du soir, & la jusqu'à 4 Janvier, & un champ d'abîme, au matin, le 11 Avril, sujet à la Place du midi, une chute en forte, un quart d'heure le 9 Octobre 1755, à la Maison de Mestre; et il est ainsi, & dans ses dispersions, deux éclats du matin et après Novembre 1755, si ! il commence à une jusque à 10 heures du matin, & dans 10 minutes, les éclats & les de la Cathédrale que le lendemain compris. Une pierre qui est tombée des nuages des Champs anciens & rompu les bras à un jeune garçon. L'orient & la pouvait est hors d'état de courir, & comme l'Eglise, ont dû à beaucoup, en lumière. Si l'on les ébranlements recommencent, à 4 heures du matin, trois éclatantes, sans que ces munitions, &c.

A midi, la plus ample partie de la Grande Eglise est tombée. La pluie, dans le Cimetière, a celle de Moisiers, éclats à descendre dans Henri, & tire lieu de cette ville et fini, il y a un habitant le Village de ceintière; les habitants y ne sont pas encore un travaillant à chaque jour ; les Maisons ont complètes, & chaque bâtir, ce qui est encore le petit d'échange, &c. &c. & on mande aujourd'hui que l'ouverture étant accrue, il y a eu quelqu'un éclat entier.

On mande de Tinas, le 9 Novembre, que le comblement du premier, y avoir deux & trois pages ; la Cathédrale à été incendiée, & les autres Eglises, on t'a tout coup tombés, sinon il n'y a pas eu d'autres traitements.

Permis d'imprimer, parce qu'il est déjà imprimé, à Orléans le 7 Février 1756.
Signé, TASSIN, Maire.

A Orléans, Chez JEAN ROUZEAU-MONSAUT, Imprimeur du Roi, de S. A. S. Monseigneur le Duc d'Orléans, & de la Ville, 1756.

www.ingramcontent.com/pod-product-compliance
Lightning Source LLC
Chambersburg PA
CBHW060552050426
42451CB00011B/1869